En Vísperas de Tu Victoria

Un Devocional de 30 Días

LUCIA M. CLABORN

Paperback ISBN 978-1-7372116-86
E-book ISBN 978-1-7372116-93

En Vísperas de Tu Victoria - Un Devocional de 30 Días
Por Lucia M. Claborn
Derechos de autor (c) 2020 Lucia M. Claborn por todos los derechos reservados.
Publicado en los Estados Unidos de América
Por Lucia M. Claborn, LLC
2586 Carretera del Condado 165
Moulton, AL 35650
www.LuciaClaborn.com

Reina-Valera 1960 ® © Sociedades Bíblicas en América Latina, 1960. Renovado © Sociedades Bíblicas Unidas, 1988. Utilizado con permiso. Si desea más información
visite **americanbible.org**, **unitedbiblesocieties.org**, **vivelabiblia.com**, **unitedbiblesocieties.org/es/casa/**.

Santa Biblia, NUEVA VERSIÓN INTERNACIONAL® NVI® © 1999, 2015 por **Biblica**, Inc.®, Inc.® Usado con permiso de Biblica, Inc.® Reservados todos los derechos en todo el mundo. Used by permission. All rights reserved worldwide.

Reina-Valera Antigua (RVA) by **Public Domain**.

Palabra de Dios para Todos (PDT) © 2005, 2008, 2012, 2015 Centro Mundial de Traducción de La Biblia © 2005, 2008, 2012, 2015 Bible League International.

Dedicación

Este devocional está amorosamente dedicado a ti.

Mientras lees las páginas de este devocional, mi oración es que puedas renovar tu mente con la palabra de Dios, revisar tus pensamientos, responder las preguntas y recibir una revelación de que Dios te creó para caminar en victoria en cada área de tu vida, sin importar lo que parezca en estos momentos.

Dios te ama y tiene un nivel de victoria pensado para ti más grandioso de lo que puedes imaginar y que él quiere que puedas experimentar en tu vida, hoy.

Y a Aquel que es poderoso para hacer todas las cosas mucho más abundantemente de lo que pedimos o entendemos, según el poder que actúa en nosotros. Efesios 3:20 - RVR1960

Tabla de Contenido

RECONOCIMIENTOS VII
INTRODUCCION IX
DÍA 1 HAS CONQUISTADO EL MUNDO 1
DÍA 2 TU TRIUNFO SOBRE TODO 3
DÍA 3 ERES UN TESORO ELEGIDO 5
DÍA 4 DIOS CUMPLE SUS PROMESAS 7
DÍA 5 NINGÚN ARMA TE HARÁ DAÑO 9
DÍA 6 VIVIENDO EN LA LIBERTAD DE LA GRACIA DE DIOS 11
DÍA 7 RECIBE TU CORONA DE VICTORIA 13
DÍA 8 ERES UN CONQUISTADOR VICTORIOSO 15
DÍA 9 LEVÁNTATE EN UN GLORIOSO ESPLENDOR 17
DÍA 10 TE ESTAS LEVANTANDO EN VICTORIA 19
DÍA 11 TUS ACUSADORES SON SILENCIADOS 21
DÍA 12 CANTANDO TU CANCIÓN DE VICTORIA 23
DÍA 13 TU ENEMIGO ESTÁ DERROTADO 25
DÍA 14 EL SEÑOR PELEA POR TI 27
DÍA 15 ¿QUIÉN CONTRA TI? 29
DÍA 16 CELEBRA Y GRITA DE ALEGRÍA 31
DÍA 17 EL SEÑOR ES POR TI: EL ES TU AYUDADOR 33
DÍA 18 DIOS DERROTARÁ A TU ENEMIGO 35
DÍA 19 TIENES UN GRAN PODER 37
DÍA 20 EL PODER DE CRISTO VENCE LAS DIFICULTADES 39
DÍA 21 DESCANSA CON GRAN CONFIANZA 41
DÍA 22 TIENES AYUDA SOBRENATURAL 43
DÍA 23 MDIOS ES SIEMPRE FIEL 45
DÍA 24 TOMA CADA PENSAMIENTO CAUTIVO 47
DÍA 25 VIVE TU VIDA EN TOTAL DESCANSO Y COMPLETA FE 49
DÍA 26 SUPERAS EL PODER DEL ENEMIGO 51
DÍA 27 ERES UN PARTICIPANTE DE LA VICTORIA 53
DÍA 28 CONQUISTARÁS COMPLETAMENTE A SATANÁS 55
DÍA 29 FUERZA DIVINA PARA VOLAR 57
DÍA 30 TU FE ES TU PODER DE VICTORIA 59
ORACIÓN DE SALVACIÓN 62
SOBRE LA AUTORA: LUCIA CLABORN 64

Reconocimientos

Proyectos como este no solo surgen, siempre hay quienes están detrás de escena haciendo que las cosas sucedan. Me gustaría agradecer a los seres queridos de mi corazón que ayudaron a hacer realidad este sueño.

¡Para mí, esta persona es Ana E. Gaeta! Dios orquestó divinamente nuestra conexión, y ella es una gran bendición para mí al ayudarme a cumplir los deseos de mi corazón de servir a la comunidad de habla hispana con recursos para construir su fe y caminar en victoria. No podría hacer esto sin ti, Ana. ¡Gracias!

Tanya Tenica Patxot, mi entrenadora de activación. No hay suficientes palabras para expresar mi gratitud por haber invertido en activarme a perseguir mis sueños. Le agradezco a Dios por traerla a mí para ayudarme a hacer realidad mis sueños. Todo lo que Dios te ayuda a atravesar fue para mí. Me inspiras a nunca rendirme. Gracias.

Judith Taylor, mi editora y publicadora. Eres una parte vital para hacer realidad mis sueños y no me gustaría estar en esta aventura con nadie más. Gracias por hacer lo que haces para que mis proyectos cobren vida. Agradezco tu amabilidad y tus afirmaciones para asegurar que todo sea solo parte del proceso. Gracias.

Linda Starks, mi amiga, mi hermana, mi guerrera de oración y mi intercesora. Gracias por las innumerables horas que dedican a cubrir mi negocio, mis proyectos y a mí en oración. Has evitado innumerables ataques del enemigo en mi vida y no tienes precio para mí. Gracias.

Introducción

En esto se ha perfeccionado el amor en nosotros, para que tengamos confianza en el día del juicio; pues como él es, así somos nosotros en este mundo. 1 Juan 4:17 – RVR1960

Dios te creó a su imagen y tiene un plan maravilloso para ti. Este plan incluye hacer cumplir la derrota de Satanás y caminar en victoria todos los días de tu vida. La victoria no es algo que tienes que esforzarte por lograr, ya posees la victoria. Como hijo de Dios, eres todo lo que Jesús es. Puesto que Él está sentado en el lugar de la victoria a la diestra del Padre Dios, muy por encima de todos los poderes y principados, y de la iniquidad en los lugares altos, ahí es donde también tú estás sentado.

Aunque estés sentado en el lugar de la victoria, la victoria no ocurre automáticamente. Debes construir tu fe con la Palabra de Dios para recibir todo por lo que Jesús ya pagó el precio para que lo disfrutes mientras estás aquí en la tierra.

Si quieres ser un campeón victorioso, te animo a que leas las páginas de este devocional y tomes un tiempo con el Espíritu Santo para permitirle que te revele el corazón de Dios y el amor que tiene por ti. No te apresures a leer las páginas.

Para fortalecer tu fe y caminar en victoria, lee cada pasaje de las Escrituras en voz alta e imagina que Dios te está hablando directamente. Agrega tu nombre al versículo para hacerlo personal mientras lo lees. Permite que el Espíritu Santo te afirme que Dios te creó para vivir victoriosamente. Deje que Él te guíe hacia la victoria en cada área de tu vida Medita en las escrituras, reflexiona sobre ellas en tu mente, responde las preguntas con las nuevas revelaciones del Padre Dios para que puedas pasar al siguiente nivel de victoria.

Al comenzar tu viaje a través de este devocional para construir tu fe y lograr la victoria en cada área de su vida, la oración que oró para ti es de Efesios 1: 17-23: *Oró para que el Padre de gloria, el Dios de nuestro Señor Jesucristo, les imparta las riquezas del Espíritu de sabiduría y el Espíritu de revelación para conocerlo a través de una relación de intimidad cada vez más profunda con él.*

Oro para que la luz de Dios ilumine los ojos de tu imaginación, inundándote de luz, hasta que experimentes la plena revelación de la esperanza de su llamamiento, es decir, la riqueza de las gloriosas herencias de Dios que Él encuentra en nosotros, sus santos.

Oro para que experimentes continuamente la inconmensurable grandeza del poder de Dios que se pone a tu disposición a través de la fe. ¡Entonces sus vidas serán un anuncio de este inmenso poder que actúa a través de ustedes! ¡Este es el gran poder que se liberó cuando Dios levantó a Cristo de entre los muertos y lo exaltó al lugar de mayor honor y autoridad suprema en el reino celestial! ¡Y ahora es exaltado como el primero por encima de todo gobernante, autoridad, gobierno y reino de poder que existe! Él está gloriosamente entronizado sobre todo nombre que sea alabado, no sólo en esta era, ¡sino en la era venidera!

Y solo Él es el líder y la fuente de todo lo que se necesita en la iglesia. Dios ha puesto todo por debajo de la autoridad de Jesucristo y le ha dado el rango más alto por encima de todos los demás. ¡Y ahora nosotros, su Iglesia, somos su cuerpo en la tierra y lo que llena a quien está siendo llenado por él!

Día 1

Has Conquistado el Mundo

Hijitos, vosotros sois de Dios, y los habéis vencido; porque mayor es el que está en vosotros, que el que está en el mundo. 1 Juan 4:4 – RVR1960

Querido hija(o) mia(o), cuánto te amo. Me perteneces. Yo soy tu Padre amoroso. Yo te creé y conozco cada detalle sobre ti y tu vida. Experimento tus alegrías, tus victorias, tus dolores, tus decepciones y conozco tus pensamientos. Te convertí en un vencedor. Te construí para ser un conquistador en tu vida. No estás diseñado para vivir una vida derrotada. Estás fabricado para superar y conquistar cada ataque de Satanás, quien es tu verdadero enemigo, porque yo vivo en tu interior.

El mismo Espíritu que creó el mundo cuando hablé para que existiera es el mismo Espíritu que resucitó a Mi Hijo Jesús de entre los muertos. Este mismo Espíritu, Mi Espíritu Santo, vive en tu interior. ¿Te das cuenta de quién vive dentro de ti como Mi hijo?

¡Tienes el poder creativo y de resurrección que vive en tu interior para ayudarte en cada momento de cada día para que puedas conquistar el mundo y caminar en la victoria!

Oración - *Gracias, Dios Padre, porque soy tu hijo y tú conoces cada detalle de mi vida. Ayúdame a darme cuenta y a ser más consciente de que el Espíritu Santo vive en mi interior. Él es mi Ayudador. El Espíritu Santo me ayuda a darme cuenta de que ya ha ganado la victoria sobre el enemigo por mí porque está en mí y es más poderoso que cualquier otra cosa en este mundo.*

Pensamientos Para Reflexionar.

No solo tienes acceso a la Palabra de Dios que está llena de poder creativo cuando la dices, también tienes al Espíritu Santo viviendo en tu interior. Además, ¡tienes un Pacto del Favor de Dios en tu vida! Estás hecho a imagen de Dios, Jesús y el Espíritu Santo, puedes vencer todo lo que este mundo te arroja y caminar en victoria. El Espíritu Santo te está guiando.

Tomando Medidas Para la Victoria.

¿Qué es una cosa de este versículo que Dios te está afirmando en este momento?

_____
_____
_____

Después de meditar en este versículo, ¿Cómo te inspira a reevaluar tu jornada de fe para que puedas caminar en victoria?

_____
_____
_____

¿Cómo se aplicará este versículo a tu vida para que puedas comenzar a caminar en victoria o elevarse a un nivel más alto de victoria en tu vida?

_____
_____
_____

Día 2

Tu Triunfo Sobre Todo

Antes, en todas estas cosas somos más que vencedores por medio de aquel que nos amó. Romanos 8:37 – RVR1960

Hija(o) mía(o), puede que te encuentres hoy con varios problemas, persecuciones, presiones, peligros o problemas en tu vida. Sin embargo, no los aíslan de Mi amor. En realidad, no hay nada en este mundo que pueda separarte de Mi amor.

Si estás experimentando estas cosas, recuerda que Jesús triunfó sobre todas ellas. Mi amor te hace más que vencedor porque ninguna situación en tu vida puede vencerte o diluir Mi amor por ti. Mi amor y poder divino trabajan para que triunfen sobre todo en este mundo. Compartes el botín de victoria de todos los enemigos que enfrentamos hoy.

Capturaste mi corazón con tu amor con una mirada de tus ojos adoradores. Mi amor les da "una gloriosa hiper victoria", más de lo que se puede describir o contener en una palabra. ¡Mi amor y mi gracia te han convertido en un hiper conquistador, con el poder de ser incomparable y más que un rival para cualquier enemigo! ¡Te hice vivir un estilo de vida hiper-victorioso todos los días!

Oración- *Señor, gracias porque fui creado para vivir una vida hiper-victoriosa. Nada puede separarme de Tu amor. Gracias porque Jesús pagó el precio por mí para vivir victoriosamente. Padre, te pido en el Nombre de Jesús que me ayudes a caminar con una mayor conciencia de Tu amor para poder amar a los demás. Decreto porque Jesús caminó en victoria, yo camino en victoria.*

Pensamientos Para Reflexionar.

Es posible que sientas presión o señales del ataque del enemigo en tu vida hoy; sin embargo, todas las circunstancias están sujetas a cambios. Al permitir que Dios derrame Su amor sobre ti y tú recibas Su amor, tu andar amoroso se perfeccionará y caminarás en un nivel más alto de victoria porque tu fe obra por el amor.

Tomando Medidas Para la Victoria.

¿Qué es una cosa de este versículo que Dios te está afirmando en este momento?

_____

_____

_____

Después de meditar en este versículo, ¿Cómo te inspira a reevaluar tu jornada de fe para que puedas caminar en victoria?

_____

_____

_____

¿Cómo se aplicará este versículo a tu vida para que puedas comenzar a caminar en victoria o elevarse a un nivel más alto de victoria en tu vida?

_____

_____

_____

_____

Día 3

Eres un Tesoro Elegido

Mas vosotros sois linaje escogido, real sacerdocio, nación santa, pueblo adquirido por Dios, para que anunciéis las virtudes de aquel que os llamó de las tinieblas a su luz admirable. 1 Pedro 2:9 – RVR1960

¿Te das cuenta de que eres mi tesoro, una joya preciosa y rara? ¡Cuánto te amo! Me perteneces. Yo soy tu Padre amoroso. Te creé para relacionarme conmigo y conozco cada detalle sobre ti y tu vida. Experimento tus alegrías, tus victorias, tus dolores, tus decepciones y conozco cada uno de tus pensamientos.

Te convertí en un vencedor. Te construí para ser un conquistador. No estás diseñado para vivir una vida de derrota. Te estoy llamando de las tinieblas a mi luz gloriosa. Estás fabricado para superar y conquistar cada ataque de Satanás, tu verdadero enemigo, porque yo vivo dentro de ti.

¡Tienes el poder creativo y de resurrección que vive dentro de ti para ayudarte en cada momento de cada día a caminar en la victoria! A medida que superes los desafíos de la vida a través de Mi poder, naturalmente querrás compartir Mi bondad con el mundo.

Oración - *Gracias, Señor, por elegirme para ser el tesoro de tu corazón y por llamarme de las tinieblas a tu luz maravillosa. Decreto que soy tuyo. Te pertenezco. Te pido que me des una mayor revelación de Tu poder que está disponible para mí. Recibo toda tu bondad hoy. Le estoy contando a mi mundo tus gloriosas maravillas.*

Pensamientos Para Reflexionar.

Eres un tesoro especial para Dios. Él te describe como un lugar donde se almacena la "riqueza protegida". Esta es una indicación de que eres un lugar seguro para las joyas o tesoros del rey, porque tienen un valor extraordinario. Dios te llama sacerdote y rey, Su tesoro único y especial de gran importancia. Eres un tesoro por encima de todos los demás tesoros.

Tomando Medidas Para la Victoria.

¿Qué es una cosa de este versículo que Dios te está afirmando en este momento?

_____
_____
_____

Después de meditar en este versículo, ¿Cómo te inspira a reevaluar tu jornada de fe para que puedas caminar en victoria?

_____
_____
_____

¿Cómo se aplicará este versículo a tu vida para que puedas comenzar a caminar en victoria o elevarse a un nivel más alto de victoria en tu vida?

_____
_____
_____

Día 4

Dios Cumple Sus Promesas

Mantengamos firme, sin fluctuar, la profesión de nuestra esperanza, porque fiel es el que prometió.!
Hebreos 10:23 NVI

Mi queridísima(o), estoy aquí para ti y contigo. Yo siempre cumplo mis promesas. Puedes confiar en mí, en que si te digo que haré algo por ti, lo haré. No te decepcionaré.

Me culpan por muchas cosas que no hago. Te pido que me veas como tu Buen Papá; un Padre bondadoso y amoroso que solo quiere hacerte el bien y para ti. Aunque es posible que las cosas no siempre salgan como las planeó, quiero recordarles que todos Mis planes para ustedes son maravillosamente buenos. No te haré daño. Quiero darles la esperanza de un futuro próspero y brillante. Te prometo; Soy digno de tu confianza.

No soy un hombre que te mentiría. Te animo a encontrar Mis promesas para ti en Mi Palabra para esta situación. Cuando leas Mis Cartas de Amor, verás que cuando digo que pueden tener algo, pueden tenerlo. Puedes poner tu esperanza y confianza en Mí. Siempre te soy fiel. ¿Pondrás tu esperanza y confianza en Mí hoy para que pueda llevarte a tu victoria? ¡Lo haré por ti!

Oración - *Señor, te pido que me ayudes a avivar mi esperanza porque es el ancla de mi alma. Este ancla es a lo que se adhiere mi fe para que Tu promesa se manifieste en mi vida. Te pido que me ayudes a creer en Tu palabra y a confiar en Ti cuando me digas que todos Tus planes para mi vida son buenos y que solo quieres prosperar.*

Pensamientos Para Reflexionar.

La esperanza dentro de tu corazón es el ancla sobre la que se adhiere tu fe hasta que veas que la promesa deseada de la Palabra de Dios se convierte en una realidad en tu vida. Dios nunca te decepcionará si mantienes tus ojos en Él y permanecer en Sus promesas. Una promesa de Su Palabra es todo lo que necesitas para mantenerte firme hasta que veas su promesa manifestada.

Tomando Medidas Para la Victoria.

¿Qué es una cosa de este versículo que Dios te está afirmando en este momento?

_____
_____
_____

Después de meditar en este versículo, ¿Cómo te inspira a reevaluar tu jornada de fe para que puedas caminar en victoria?

_____
_____
_____

¿Cómo se aplicará este versículo a tu vida para que puedas comenzar a caminar en victoria o elevarse a un nivel más alto de victoria en tu vida?

_____
_____
_____

Día 5

Ningún Arma Te Hará Daño

Ninguna arma forjada contra ti prosperará, y condenarás toda lengua que se levante contra ti en juicio. Esta es la herencia de los siervos de Jehová, y su salvación de mí vendrá, dijo Jehová. Isaías 54:17 – RVR1960

Mi querida(o) niña(o), ¿sientes los dardos de fuego del enemigo atacando? ¿Escuchas las implacables acusaciones del acusador contra ti arremolinándose en tu mente? Estoy aquí para asegurarme de que esas armas no te dañará ni te derrotará. Mírame. Pon tu enfoque en Mi Palabra.

Cómo hija(o), te creé para caminar en victoria sobre las acusaciones y mentiras de Satanás. Tienes poder para condenar cada palabra que se pronuncie en tu contra. Debes responder las acusadoras mentiras del enemigo con promesas de Mi Palabra.

Levántate y toma tu lugar de autoridad porque eres Mi hija(o) elegida(o). La victoria es tu herencia. Levanta la cabeza como campeón. Usa tus armas de guerra de Mi Palabra para responder y silenciar a tu enemigo que es Satanás, el acusador de los hermanos. Soy tu vindicador y te defiendo.

Oración -*Señor, te doy gracias porque, como Tu hijo, tengo una herencia de Ti. Te pido que me reivindiques hoy. Gracias porque ningún arma que se forme contra mí me hará daño ni prosperará en lo que fue enviada a hacer para hacerme daño. Toda lengua que se levante contra mí, la condenaré. Decreto que estoy libre del poder de las mentiras del enemigo en mi vida.*

Pensamientos Para Reflexionar.

Jesús pagó el precio por tu herencia de victoria y vindicación sobre cada mentira y ataque de Satanás porque eres hijo de Dios. Él te ama. La única forma en que fracasas en la vida es rindiéndose o renunciando. Para vivir victoriosamente, manténte en la fe escuchando la Palabra de Dios. Abre tu boca, hable y condene las mentiras y acusaciones de Satanás con promesas de la Palabra de Dios.

Tomando Medidas Para la Victoria.

¿Qué es una cosa de este versículo que Dios te está afirmando en este momento?

_____
_____
_____

Después de meditar en este versículo, ¿Cómo te inspira a reevaluar tu jornada de fe para que puedas caminar en victoria?

_____
_____
_____

¿Cómo se aplicará este versículo a tu vida para que puedas comenzar a caminar en victoria o elevarse a un nivel más alto de victoria en tu vida?

_____
_____
_____

Día 6

Viviendo en la Libertad de la Gracia de Dios

Porque el pecado no se enseñoreará de vosotros; pues no estáis bajo la ley, sino bajo la gracia. Romanos 6:14 – RVR1960

Eres mi hija(o) preciosa(o). Cuando aceptas a Mi Hijo, Jesús, como tu Señor y Salvador, te conviertes en una persona completamente nueva, una que nunca existió antes. Tu vieja naturaleza pecaminosa murió.

Cuando te uniste a Jesús en el bautismo, moriste como Él murió, y resucitaste a una nueva vida, como Él resucitó a una nueva vida, por el poder de resurrección del Espíritu Santo.

A través de tu unión con Jesús, ya no vives bajo la Ley del Pecado y la Muerte, porque Jesús cumplió la Ley. Ahora vives bajo el Pacto de Gracia. El pecado perdió su poder sobre ti de una vez por todas.

Por lo tanto, ya no debes darle al pecado la oportunidad de gobernar tu vida, controlando cómo vives o obligándome a obedecer sus deseos y ansias.

En cambio, responde al pecado con mi llamado a seguir entregándome tu cuerpo como alguien que ha experimentado la vida de resurrección.

Oración - *Padre, te agradezco que mi viejo hombre murió con Jesús cuando me bauticé, y ahora tengo una nueva naturaleza. Te pido que me ayudes a darme cuenta de que me convertí en una persona nueva, una que nunca existió antes, cuando me levanté con Jesús. Gracias porque estoy muerto al pecado y vivo para ti. Ayúdame a recordar que ahora vivo bajo un Pacto de Gracia y no bajo la Ley.*

Pensamientos Para Reflexionar.

Vivir bajo la gracia de Dios es liberador. La gracia te da la libertad de elegir a tu maestro. Elegir amar el pecado te recompensará con la muerte. Elegir amar y obedecer a Dios te lleva a la justicia perfecta. Ahora que vives bajo el Pacto de Gracia, puedes celebrar ser librado por Jesús. El te libero de tu antiguo opresor: el pecado.

Tomando Medidas Para la Victoria.

¿Qué es una cosa de este versículo que Dios te está afirmando en este momento?

_____
_____
_____

Después de meditar en este versículo, ¿Cómo te inspira a reevaluar tu jornada de fe para que puedas caminar en victoria?

_____
_____
_____

¿Cómo se aplicará este versículo a tu vida para que puedas comenzar a caminar en victoria o elevarse a un nivel más alto de victoria en tu vida?

_____
_____
_____
_____

Día 7

Recibe Tu Corona De Victoria

Bienaventurado el varón que sufre la tentación; porque cuando fuere probado, recibirá la corona de vida, que Dios ha prometido á los que le aman. Santiago 1:12 – RVA

¿Te parece que te enfrentas hoy a muchas dificultades o desafíos en tu vida? Respira hondo, hija(o) Mía(o). ¿Puede detenerte un momento y considerarlo todo como oportunidades invaluables para experimentar una gran alegría?

Quiero que sepas que cuando tu fe es probada, se despierta el poder dentro de ti para soportar situaciones como las que enfrentas hoy. A medida que tu resistencia o paciencia se fortalece, libera la perfección en cada parte de tu vida hasta que no falta nada, nada falta y estás perfectamente completo.

Si te falta sabiduría mientras esperas pacientemente, pídeme una generosa provisión de sabiduría. Te lo daré sin reprenderte ni condenarte por pedirme lo que necesitas.

Cuando uses tu fe para producir resultados y luego pase la prueba, recibirás la corona del vencedor. No habrá nada que falte en tu vida.

Oración - *Señor, te pido que me des sabiduría al enfrentar varias dificultades y desafíos para poder mantenerme firme en mi fe. Te pido que me ayudes a soportar con gran gozo para que tu paciencia tenga su obra perfecta en mi vida. Cuando la paciencia tiene su obra perfecta, estaré completo, no me faltará de nada y recibiré la.*

Pensamientos Para Reflexionar.

Cuando te encuentres en medio de dificultades y te sientas tentado a darte por vencido, no digas: "Dios me está tentando", porque Él es incapaz de ser tentado por el mal. Él nunca es la fuente de su tentación de dejar de fumar durante las pruebas o juicios. En cambio, pídale a Dios que le dé sabiduría y fuerza para usar su fe para pasar la prueba y ganar su corona de vencedor.

Tomando Medidas Para la Victoria.

¿Qué es una cosa de este versículo que Dios te está afirmando en este momento?

_____

_____

_____

Después de meditar en este versículo, ¿Cómo te inspira a reevaluar tu jornada de fe para que puedas caminar en victoria?

_____

_____

_____

¿Cómo se aplicará este versículo a tu vida para que puedas comenzar a caminar en victoria o elevarse a un nivel más alto de victoria en tu vida?

_____

_____

_____

Día 8

Eres un Conquistador Victorioso

Mas á Dios gracias, que nos da la victoria por el Señor nuestro Jesucristo. 1 Corintios 15:57 – RVA

Querida(o), ¿Puedes entender que el pecado es el que da a la muerte su aguijón, y es la Ley la que da poder al pecado en tu vida? La Ley dice que no hagas algo, lo que a su vez te hace querer hacerlo aún más.

La victoria que celebras es la victoria por la que Jesús pagó el precio, de manera que cuando murió en la cruz la victoria la pudieras disfrutar tu. Jesús te dio la victoria total sobre el pecado cuando resucitó. El aguijón de la muerte que Jesús quitó es el empoderamiento del pecado en tu vida por la Ley.

Tienes motivos para celebrar tu victoria. Puedes agradecerme por hacerte más que vencedor a través de Jesús. Él ya te ha dado la victoria, así que mantente firme, estable y persevera con gran gozo.

Vive tu vida con una confianza inquebrantable para prosperar y sobresalir en cada temporada. Puedes estar seguro de que tu unión con Jesús hace que tu trabajo produzca frutos duraderos.

Oración - *Padre, gracias porque soy liberado de la Ley del pecado y la muerte, y ahora vivo bajo un Pacto de Gracia. El aguijón del pecado y la muerte ha sido derrotado en mi vida. Gracias porque siempre me haces triunfar como un campeón. Ya me has dado la victoria a través de Jesucristo, y creo que recibo mi victoria ahora mismo en el Nombre de Jesús.*

Pensamientos Para Reflexionar.

Aunque Satanás parecía ser el campeón en la cruz, Jesús lo derrotó, derrotó al pecado y derrotó a la muerte de una vez por todas. Luego, Él a su vez te dio esa victoria y te convirtió en un vencedor victorioso con esperanza más allá de la tumba. ¡Qué resumen tan asombroso de lo que Jesús logró para ti! Ahora, simplemente acepta la Gracia de Dios por fe para vivir una vida victoriosa.

Tomando Medidas Para la Victoria.

¿Qué es una cosa de este versículo que Dios te está afirmando en este momento?

_____

_____

_____

Después de meditar en este versículo, ¿Cómo te inspira a reevaluar tu jornada de fe para que puedas caminar en victoria?

_____

_____

_____

¿Cómo se aplicará este versículo a tu vida para que puedas comenzar a caminar en victoria o elevarse a un nivel más alto de victoria en tu vida?

_____

_____

_____

Día 9

Levántate en Un Glorioso Esplendor

Levántate, resplandece; porque ha venido tu luz, y la gloria de Jehová ha nacido sobre ti! Isaías 60:1 – RVR1960

Dulce hija(o) mía(o), ¿estás abrumada(o) por sentimientos de desesperación y desesperanza, debido a tu condición temporal? ¿Quieres esconderte del mundo quedándote en la cama todo el día?

Tu eres mi hija(o). Te amo. Te creé no sólo para superar las circunstancias de la vida, sino para prosperar y vivir continuamente en la victoria. No voy a permitir que sigas deprimida(o). Es hora de levantarse y deshacerse de las mantas de la desesperación y la depresión.

Abre las cortinas de tu oscuridad y permite que Mi luz gloriosa brille sobre ti. Pon tu rostro al sol. Siente el calor de Mi amor. Buscar. Mira alrededor. Piensa en Mi bondad y Mi Gloria que te envuelven hoy.

Permítete sentir y experimentar Mi bondad brillando sobre ti, envolviendo cada parte de tu ser. Permite que Mi Espíritu Santo te lave renovando tus pensamientos y refrescando tu alma. Es un nuevo día. Es hora de levantarse y dejar que Mi Gloria brille a través de ustedes para que todo el mundo la vea.

Oración - *Señor, en la autoridad del Nombre de Jesús, ato el Espíritu de Depresión que intenta mantenerme cautivo y lo libero de su asignación en mi contra. Cambio de posición y busco Tu rostro. Estoy permitiendo que tu Gloria y tu bondad me envuelvan ahora mismo. Gracias por ayudarme a levantarme para dejar que mi luz brille en el mundo.*

Pensamientos Para Reflexionar.

Si deseas un cambio en tu vida, debes estar dispuesto a ser el cambio que deseas ver. Hoy es tu día para elegir levantarte de las viejas mentalidades de depresión y desesperación que te han mantenido cautivo debido a tus circunstancias. Todos los días te llegan oportunidades de vida o muerte. Dios dice que escojas la vida y te levantes a una nueva vida leyendo la Palabra de Dios para estar radiante con Su gloria.

Tomando Medidas Para la Victoria.

¿Qué es una cosa de este versículo que Dios te está afirmando en este momento?

_____
_____
_____

Después de meditar en este versículo, ¿Cómo te inspira a reevaluar tu jornada de fe para que puedas caminar en victoria?

_____
_____
_____

¿Cómo se aplicará este versículo a tu vida para que puedas comenzar a caminar en victoria o elevarse a un nivel más alto de victoria en tu vida?

_____
_____
_____

Día 10

Te Estás Levantando en Victoria

Porque siete veces cae el justo, y se torna á levantar; Mas los impíos caerán en el mal. Proverbios 24:16 – RVA

¿Dónde estás en tu vida hoy? ¿Crees que estás derribado de un golpe final sufriendo la adversidad, o estás en proceso de levantarte de nuevo, superando los ataques de tu enemigo?

Te animo a ver que no importa lo que traiga tu adversario para criticarte o atacarte. Puede que te haya golpeado con un golpe tan fuerte que te deja sin aliento. Independientemente, eres mi hija(o) y no serás aplastado.

Hoy es tu día para mirarte en el espejo y afirma a ti mismo y al mundo que no serás negado ni derrotado. El enemigo puede haberte golpeado una y otra vez con su mejor disparo, pero tú eres Mi campeón.

Te está levantando con más determinación y resistencia para ocupar el lugar que te corresponde de autoridad para imponer la derrota de Satanás.

Oración - *Gracias, Padre, porque soy Tu hijo y no puedo ser derrotado. Independientemente de cómo se vea mi situación en este momento, me dices que me elevaré por encima de ella. Creo y recibo Tu promesa ahora mismo en el Nombre de Jesús. Señor, aunque haya caído, te pido que me ayudes a levantarme. No me rendiré ni se me negará la restauración de todo lo que Satanás me ha robado.*

Pensamientos Para Reflexionar.

El fracaso nunca es definitivo a los ojos de Dios. Muchas veces, el fracaso te lleva a tu mayor aventura, una que de otro modo no darías un paso de fe para seguir. Un desastre comercial, una relación rota o un altercado en la salud no definen quién eres. Hay un momento para procesar tus contratiempos y un momento para volver a levantarse, desempolvarte y agradecer a Dios por el valor de comenzar de nuevo.

Tomando Medidas Para la Victoria.

¿Qué es una cosa de este versículo que Dios te está afirmando en este momento?

_____

_____

_____

Después de meditar en este versículo, ¿Cómo te inspira a reevaluar tu jornada de fe para que puedas caminar en victoria?

_____

_____

_____

¿Cómo se aplicará este versículo a tu vida para que puedas comenzar a caminar en victoria o elevarse a un nivel más alto de victoria en tu vida?

_____

_____

_____

Día 11

Tus Acusadores Son Silenciados

AHORA pues, ninguna condenación hay para los que están en Cristo Jesús, los que no andan conforme á la carne, mas conforme al espíritu. Romanos 8:1 – RVA

Amada(o) mía(o), tu carne no tiene ningún derecho sobre ti, y no tienes más obligación de vivir en obediencia a ella. Mi Espíritu Santo les imparte vida porque son plenamente aceptados por Mí.

En el pasado, sus nobles deseos de hacer el bien fueron destruidos cuando hacían las mismas cosas que querían evitar. Entonces tu conciencia te condenó y confirmó el poder de la Ley en tu vida.

Hija(o) mía(o), Jesús ahora vive Su vida en ti. Donde una vez viviste bajo la Ley que fortalece tus deseos pecaminosos, ahora estás completamente liberado de ese poder y ya no te controla. Tu vida ya no está motivada por seguir la Ley porque ahora deseas servirme viviendo en la frescura de una nueva vida empoderada por el Espíritu Santo.

Tu mente renovada está fija y sometida a Mis principios justos que te brindan Mi vida abundante.

Oración – *Padre, te pido que me des una mayor revelación de Jesús proporcionándome la vía de escape del pecado. Te pido que me ayudes a enfocar mi mente en Tu Palabra para darme cuenta de que soy justo. Ya no hay acusaciones condenatorias en mi contra. Vivir mi vida rendido a Tu Santo Espíritu mata los caminos corruptos de mi carne.*

Pensamientos Para Reflexionar.

¿Te das cuenta de que incluso cuando quieres hacer el bien, el mal está listo para sabotearte? Amas a Dios y deseas hacer lo que le agrada y, sin embargo, reconoces que hay otro poder operando dentro de ti. Este poder está librando una guerra contra tu mente, tratando de llevarte al cautiverio. Jesús, el Ungido, tiene poder para rescatarte del intruso no deseado del pecado y la muerte.

Tomando Medidas Para la Victoria.

¿Qué es una cosa de este versículo que Dios te está afirmando en este momento?

_____
_____
_____

Después de meditar en este versículo, ¿Cómo te inspira a reevaluar tu jornada de fe para que puedas caminar en victoria?

_____
_____
_____

¿Cómo se aplicará este versículo a tu vida para que puedas comenzar a caminar en victoria o elevarse a un nivel más alto de victoria en tu vida?

_____
_____
_____

Día 12

Cantando Tu Canción De Victoria

CANTAD á Jehová canción nueva; Porque ha hecho maravillas: Su diestra lo ha salvado, y su santo brazo. Salmo 98:1 – RVR1960

¡Mi elegida(o), ahora es el momento de levantar la voz y cantar tu canción de victoria! No te concentres en tus circunstancias. En cambio, como un acto de tu fe, canta con voz de triunfo.

Tú conoces Mi voz y cuando lees mis palabras, son palabras de verdad que brindan consuelo a tu vida. Hija(o) mía(o), te estoy protegiendo y manteniéndote alejado del poder de Satanás. No puedes ser derrotado. Cuando te convertiste en Mi hijo, te hice triunfar. Te revelo Mi bondad. Te doy una razón para celebrar los maravillosos milagros que he puesto en tu vida.

Siempre te demuestro Mi misericordia llena de amor y fidelidad. Esto te da una gran razón para regocijarse y celebrar.

Deshazte del desánimo y la desesperación causados por las cosas que no salen como esperabas y sé decidido en tu alabanza hacia Mí. ¡Canta con una nueva canción de victoria!

Oración- *Padre, te pido que me ayudes a ver más allá de mis circunstancias temporales hacia la maravillosa victoria que me has dado. Porque soy Tu hija(o), no puedo ser derrotado. Gracias por protegerme de la maldad y la malicia en este mundo. Siempre me has sido fiel. Celebro y me regocijo con una nueva canción de victoria en mi corazón la cual te canto.*

Pensamientos Para Reflexionar.

¡Canta tu canción de victoria hoy con valentía! Sí, canta en medio del caos y observa cómo Dios cambia las cosas para ti. Cuando cantas alabanzas, estás entrando en una guerra espiritual y confundes a tu enemigo. Él está tratando de desanimarte y derrotarte, y tú estás cantando las mayores alabanzas de Dios. Dios ya te ha dado la victoria, así que debes seguir adelante y celebrar. your victory song today with boldness!

Tomando Medidas Para la Victoria.

¿Qué es una cosa de este versículo que Dios te está afirmando en este momento?
_____
_____
_____

Después de meditar en este versículo, ¿Cómo te inspira a reevaluar tu jornada de fe para que puedas caminar en victoria?
_____
_____
_____

¿Cómo se aplicará este versículo a tu vida para que puedas comenzar a caminar en victoria o elevarse a un nivel más alto de victoria en tu vida?
_____
_____
_____

Día 13

Tu Enemigo Está Derrotado

Os he escrito a vosotros, padres, porque habéis conocido al que es desde el principio. Os he escrito a vosotros, mancebos, porque sois fuertes, y la palabra de Dios mora en vosotros, y habéis vencido al maligno.
1 Juan 2:14 - RVA

Siempre serás mi hija(o), independientemente de la edad que tengas hoy. Tus pecados han sido quitados permanentemente debido al poder del Nombre de Jesús.

Lo más importante en tu vida hoy es tener una relación conmigo, Mi Hijo y Mi Espíritu Santo. Sin embargo, hay tres elementos principales para tu crecimiento espiritual. Éstos son: tu fe valiente, tu amor por Mi Palabra, y el que re-enforces la derrota de el enemigo a través de tu unión de vida con Jesús.

Tienes una relación genuina con Nosotros independientemente de su edad. Por lo tanto, tu enemigo, Satanás, es derrotado porque tú compartes el triunfo de Jesús sobre la cruz y Su resurrección de entre los muertos. Vences a Satanás por la Sangre de Jesús y la palabra de Su testimonio. Estos te hacen salir victorioso.

Oración - *Gracias, Padre, por derrotar al enemigo por mí a través de la Sangre derramada de Jesús. Ahora puedo caminar con la victoria total sin importar mi edad. Te agradezco que Jesús es mi Salvador y te pido que me des una fe valiente para dar un paso al frente y hacer lo que me pides que haga. Te pido que me des más ganas de leer Tu Palabra y conocer tus caminos más íntimamente.*

Pensamientos Para Reflexionar.

Dios anhela tener intimidad contigo, por eso envió a Jesús para cerrar la brecha y derrotar a Satanás de una vez por todas. Eres fuerte en el Señor y en el poder de Su fuerza. La Palabra de Dios es un tesoro para tu corazón mientras la lees, la estudias y la meditas para poder esconderla en tu corazón. Como hijo de Dios, fuiste creado para imponer la derrota de Satanás en tu vida y caminar en total victoria.

Tomando Medidas Para la Victoria.

¿Qué es una cosa de este versículo que Dios te está afirmando en este momento?

_____

_____

_____

Después de meditar en este versículo, ¿Cómo te inspira a reevaluar tu jornada de fe para que puedas caminar en victoria?

_____

_____

_____

¿Cómo se aplicará este versículo a tu vida para que puedas comenzar a caminar en victoria o elevarse a un nivel más alto de victoria en tu vida?

_____

_____

_____

Día 14

El Señor Pelea Por Ti

Que Jehová vuestro Dios anda con vosotros, para pelear por vosotros contra vuestros enemigos, para salvaros. Deuteronomio 20:4 - RVA

Hija(o) Mía(o), al salir hoy a cumplir con tus responsabilidades, debes saber que Mi Espíritu Santo va delante de ti y está contigo. Soy tu Padre y me preocupo por ti. A lo largo de tu día tendrás muchas oportunidades para celebrar Mi bondad. Sin embargo, puede haber cosas que temes porque sabes que el enemigo está luchando contra ti.

Aunque tu enemigo no te ataca con caballos y carros como en los tiempos bíblicos, me doy cuenta de que tus enemigos son tan reales e intimidantes para ti hoy como lo fueron para Mis hijos en ese entonces.

Establezca en tu corazón ahora mismo que Yo estoy contigo, siempre. Yo te sacaré de toda situación y circunstancia que este encontra de mi bondad, tal como saqué a Mis hijos de Egipto. No tengas miedo. ¡Soy tu Señor y estoy contigo! ¡Puedes confiar en mí para llevarte a la victoria!

Oración – *Dios Padre, gracias por ser mi Padre amoroso. Por favor, ayúdame a darme cuenta de que siempre estás para mí. Tu estas conmigo. Nunca me dejas indefenso. Te pido que me des valor para confiar en Ti en el fragor de mis batallas y saber que siempre me libras de las manos de mi enemigo. Te agradezco de antemano por llevarme a la victoria.*

Pensamientos Para Reflexionar.

No te desanimes, no entres en pánico ni tiembles ante tu enemigo. Dios te ha librado de su mano y te ha dado la victoria sobre él, porque envió a Jesús a pagar el precio de tu victoria. Jesús a su vez te dio Su autoridad y Su victoria sobre Satanás. El Espíritu Santo va delante de ti y pelea todas tus batallas por ti. Puedes confiar en Dios porque Él siempre es fiel.

Tomando Medidas Para la Victoria.

¿Qué es una cosa de este versículo que Dios te está afirmando en este momento?

_____
_____
_____

Después de meditar en este versículo, ¿Cómo te inspira a reevaluar tu jornada de fe para que puedas caminar en victoria?

_____
_____
_____

¿Cómo se aplicará este versículo a tu vida para que puedas comenzar a caminar en victoria o elevarse a un nivel más alto de victoria en tu vida?

_____
_____
_____

Día 15

¿Quién Contra Ti?

¿Pues qué diremos á esto? Si Dios por nosotros, ¿quién contra nosotros? Romanos 8:31 – RVA

Puedes sentir la presión de las fuerzas enemigas que te atacan, pero anímate hoy, hija(o) Mía(o) fiel. Cada detalle de tu vida está continuamente entretejido para siempre porque te he elegido con amor para que seas mía(o). Pueden estar seguros de que cualquier sufrimiento que están soportando actualmente no es nada comparado con la magnitud de Mi Gloria que está a punto de ser revelada dentro de ustedes.

He probado Mi profundo amor por ti dándote Mi mayor tesoro, el regalo de Mi Precioso Hijo, Jesús. Ya que lo ofrecí gratuitamente como sacrificio por ti, no te negaré nada bueno.

Jesús dio su vida por ti, conquistó la muerte por ti y ahora está sentado a mi diestra intercediendo continuamente por tu victoria. Mi Espíritu Santo te da poder en tu debilidad mientras Jesús intercede por ti, pidiendo por ti con un amor demasiado profundo para palabras.

Oración – *Dios Padre, gracias por darme Tus dones más preciosos de Jesús y Tu Espíritu Santo. Me diste a Tu Hijo Precioso, así que estoy seguro de que no me negarás nada bueno. Señor, te pido que me ayudes a recordar que siempre están conmigo, siempre están orando por mí y llevándome a la victoria. Nada puede estar contra mí.*

Pensamientos Para Reflexionar.

Dios siempre está contigo. No hay nada en este mundo ni nadie que pueda separarte del amor infinito del Padre Dios. Nada en el universo tiene el poder de disminuir Su amor por ti. Problemas, persecuciones, presiones, problemas, privaciones, peligros, amenazas de muerte; ninguno de estos es capaz de interponerse entre tú y el amor omnipotente de Dios por ti.

Tomando Medidas Para la Victoria.

¿Qué es una cosa de este versículo que Dios te está afirmando en este momento?
_____
_____
_____

Después de meditar en este versículo, ¿Cómo te inspira a reevaluar tu jornada de fe para que puedas caminar en victoria?
_____
_____
_____

¿Cómo se aplicará este versículo a tu vida para que puedas comenzar a caminar en victoria o elevarse a un nivel más alto de victoria en tu vida?
_____
_____
_____

Día 16

Celebra Y Grita De Alegría

Cuando salgas victorioso, cantaremos llenos de alegría. Festejaremos con banderas en alto para celebrar lo que Dios hizo. ¡Que el SEÑOR cumpla todas tus peticiones! Salmos 20:5 – PDT

No te desanimes cuando experimentes grandes peligros, hija(a) Mía(o). ¡Detén lo que estás haciendo y celebra tu victoria! Grita de alegría con voz de triunfo y dame gracias por lo que hago en ti y por ti.

Sí, clama a Mí en tu caos e incertidumbre. Entonces escucha. Yo les respondo, los liberó y los colocó a salvo en un lugar alto.

Tus enemigos no te prevalecerán. Se desintegraron en la derrota a medida que te levantes lleno de valentía y luches la buena batalla de la fe.

Te he dado Mi poder sobrenatural y todos los dones espirituales que necesitas para caminar en victoria. Tu fuerza se encuentra en Mi poder obrador de milagros para librarte de la mano del enemigo. ¡Ondea tu bandera de la victoria, celebra y alábame porque te he dado la victoria!

Oración – *Padre, gracias por librarme de mis enemigos y darme la victoria. Te pido que me ayudes a renovar mi mente con Tu Palabra para conocer esta verdad. Recuérdame que Jesús pagó el precio por mí para caminar en victoria sobre mi adversario, y la única batalla que peleó ahora es la batalla de la fe. Gracias por la ayuda sobrenatural para cumplir Tu plan para mi vida.*

Pensamientos Para Reflexionar.

Todas las promesas de Dios para ti son Sí y Amén. Él te da todas las cosas que pides y te da la victoria porque eres Su hijo ungido. Libera tu fe y recibe sus promesas hoy. El clamor de liberación de Dios sobre ti se escucha a través del cielo y Sus milagros se manifiestan a través de Su mano poderosa y Su fuerza. ¡Agita tu bandera de la victoria y celebra hoy!

Tomando Medidas Para la Victoria.

¿Qué es una cosa de este versículo que Dios te está afirmando en este momento?

_____
_____
_____

Después de meditar en este versículo, ¿Cómo te inspira a reevaluar tu jornada de fe para que puedas caminar en victoria?

_____
_____
_____

¿Cómo se aplicará este versículo a tu vida para que puedas comenzar a caminar en victoria o elevarse a un nivel más alto de victoria en tu vida?

_____
_____
_____

Día 17

El Señor es Por Ti: Él Es Tu Ayudador

De tal manera que digamos confiadamente: El Señor es mi ayudador; no temeré Lo que me hará el hombre. Hebreos 13:6 – RVA

Mi querida(o) hija(o), no te obsesiones con la lujuria de tu carne, la lujuria de tus ojos, el dinero o las riquezas terrenales. Prefiero que vivas tu vida confiando en mí, contenta(o) con lo que tienes y descansando en Mi presencia.

Tu mayor gozo se encuentra al vivir tu vida en Mi presencia, en comunión conmigo. Te he prometido que nunca te dejaré ni te desampararé. Siempre estaré contigo y nunca te soltaré.

Yo soy por ti! Es decir, estoy a favor de ti, no en tu contra. No tienes que tener miedo de lo que la gente pueda intentar hacerte porque Yo soy tu Protector y Proveedor.

Si quieres un ejemplo de cómo vivir una vida de victoria, mira a Jesús y cómo vivió Su vida. Caminó por fe para lograr las cosas que le pido que haga. Ahora tienes el poder para vivir tu vida caminando en completa fe porque esta es tu victoria.

Oración – *Padre, gracias porque puedo decir con confianza que nunca me dejarás, nunca me abandonarás ni me soltarás. Gracias porque estás a mi favor y no en mi contra. Te pido que me ayudes a proteger mis ojos y mi carne de la codicia de las cosas de este mundo que no me satisfacen. Ayúdame a fortalecer mi fe escuchando Tu Palabra para que pueda caminar en Victoria*

Pensamientos Para Reflexionar.

Jesus es el mismo ayer, hoy y para siempre. El Espíritu Santo está siempre contigo y nunca te dejará. Debido a que Él es tu Ayudante y tu Protector, no necesitas preocuparte por lo que la gente dice de ti o lo que intentan hacerte. Puedes caminar por fe, poniendo tu confianza en la Palabra de Dios mientras te fortaleces espiritualmente para vivir una vida victoriosa.

Tomando Medidas Para la Victoria.

¿Qué es una cosa de este versículo que Dios te está afirmando en este momento?

_____
_____
_____

Después de meditar en este versículo, ¿Cómo te inspira a reevaluar tu jornada de fe para que puedas caminar en victoria?

_____
_____
_____

¿Cómo se aplicará este versículo a tu vida para que puedas comenzar a caminar en victoria o elevarse a un nivel más alto de victoria en tu vida?

_____
_____
_____

Día 18

Dios Derrotará a Tu Enemigo

Con Dios conseguiremos la victoria; él pisoteara a nuestros enemigos. Salmos 60:12 – PDT

No me he alejado de ti ni te he dejado indefenso, hija(o) Mía(o) querida(o). Estoy justo aquí contigo. Estoy haciendo señales milagrosas y maravillas por ti porque te amo. Ven corriendo hacia Mí y permíteme derramar Mi amor sobre ti.

No intentes pelear tu batalla con tus propias fuerzas. Te estoy fortaleciendo con Mi poder y Mi fuerza mientras te mantienes firme en la fe contra tu enemigo. Estoy aquí contigo, luchando tus batallas por ti en oposición a tus enemigos. Con Mi ayuda, estás imponiendo la derrota de Satanás en tu vida y yo estoy pisoteando a todos tus enemigos.

Eres mi siervo y te prometo que en tu heroico triunfo derramaré Mi herencia sobre ti para que puedas recibir todo lo que he prometido darte.

Eres Mi guerrera (o) especial y me regocijo por ti y por tu victoria.

Oración – *Padre, gracias por no dejarme indefenso ante los ataques de Satanás. No me afecta cómo me siento ni lo que está sucediendo en mi vida en este momento. Te pido que me ayudes a ver que ya has derrotado a mis enemigos y me has dado la victoria porque así como Jesús es, yo también. Gracias por pelear todas mis batallas mientras permanezco en la fe y descanso en la verdad de Tu Palabra*

Pensamientos Para Reflexionar.

Dios te escucha cuando clamas a Él con desesperación en el fragor de tu batalla. Él está ahí contigo sosteniendo tu mano. Su misericordia y verdad te llevan a la victoria. Si confías en que Él te ayudará, nunca te decepcionará su fidelidad para cumplir sus promesas. Él canta sobre ti con cánticos de liberación y se regocija contigo en tu victoria.

Tomando Medidas Para la Victoria.

¿Qué es una cosa de este versículo que Dios te está afirmando en este momento?

_____
_____
_____

Después de meditar en este versículo, ¿Cómo te inspira a reevaluar tu jornada de fe para que puedas caminar en victoria?

_____
_____
_____

¿Cómo se aplicará este versículo a tu vida para que puedas comenzar a caminar en victoria o elevarse a un nivel más alto de victoria en tu vida?

_____
_____
_____

Día 19

Tienes Un Gran Poder

Porque no nos ha dado Dios el espíritu de temor, sino el de fortaleza, y de amor, y de templanza. 2 Timothy 1:7 – RVA

Eres Mi hija(o) querida(o). Me gustaría anunciarles esta maravillosa promesa de vida que solo está disponible para ustedes a través de Mi Hijo Ungido, Jesús.

Muchas veces, has tenido miedo de dar un paso de fe y hacer lo que te he creado para hacer. Por favor, date cuenta de que no te he dado un espíritu de miedo. Esto viene de Satanás, tu enemigo. Satanás quiere paralizarte y evitar que lleves una vida plena.

Les he dado el don de Mi Espíritu Santo, y Él les da Su gran poder. Te he dado un corazón lleno de amor, autocontrol, autodisciplina y una mente sana para que puedas caminar en la victoria.

Te doy el poder de la resurrección para vencer cada ataque de tu enemigo por la revelación del poder de Mi Espíritu Santo obrando en ti para prepararte para vivir la vida victoriosa.

Oración – *Padre, estoy muy agradecido de que no me diste un espíritu de miedo. Gracias por darme la promesa de tu Espíritu Santo cuando Jesús ascendió de regreso al cielo. Te pido que me ayudes a estimular los dones espirituales que me has dado. Sé que he recibido el poder de Tu Espíritu Santo para vencer el miedo con una mente sana para vivir una vida autodisciplinada para vivir victoriosamente.*

Pensamientos Para Reflexionar.

Imagínate usando tus dones espirituales para vivir una vida sin miedo, autodisciplinada, llena del amor de Dios y totalmente confiada en Su Gracia. Dios te ha dado una mente sana y puedes vivir una vida valiente y valiosa sin límites a través del poder del Espíritu Santo que vive en tu interior. Él empodera tu vida y desmantela todos los aspectos de la muerte para que puedas vivir victoriosamente.

Tomando Medidas Para la Victoria.

¿Qué es una cosa de este versículo que Dios te está afirmando en este momento?

_____
_____
_____

Después de meditar en este versículo, ¿Cómo te inspira a reevaluar tu jornada de fe para que puedas caminar en victoria?

_____
_____
_____

¿Cómo se aplicará este versículo a tu vida para que puedas comenzar a caminar en victoria o elevarse a un nivel más alto de victoria en tu vida?

_____
_____
_____

Día 20

El Poder de Cristo Vence las Dificultades

Todo lo puedo en Cristo que me fortalece. Filipenses 4:13 – NVI

Mi querida(o) y preciosa(o) niña(o), te amo profundamente. Eres verdaderamente un gozo glorioso para Mi corazón. Ahora es tu momento de brillar en la plenitud de tu unidad conmigo. Es el momento de celebrar con gran alegría las victorias que has obtenido en esta etapa de tu vida. Deja que tu gozo se desborde hacia los que te rodean.

En lugar de ser arrastrado en diferentes direcciones o preocupado por las diversas cosas de su vida, relájate, continúa saturado en Mi Presencia y ora a través de todo tu día. Encontrarás paz al traerme tus peticiones de oración llenas de fe junto con tu gratitud desbordante por lo que he hecho por ti.

Puede estar satisfecho en todas las circunstancias de la vida. Si estás experimentando algo abrumador o superando una carencia temporal, puedes estar seguro de que a través de la fuerza del poder explosivo de Mi Santo Espíritu en ti, estás superando todas las cosas que te obstaculizan. Su poder te permite vencer todas las dificultades de tu vida.

Oración - *Gracias, Dios Padre, por llenarme con Tu poder vencedor y conquistador de Tu Espíritu Santo que vive en mi interior. Me permite triunfar sobre todos los ataques del enemigo y las dificultades que trae a mi vida. Te pido que me ayudes a ser más sensible al poder de Tu Santo Espíritu en mi vida para poder imponer la derrota de Satanás y vivir una vida victoriosa.*

Pensamientos Para Reflexionar.

No importa las circunstancias en las que te encuentres viviendo hoy, Dios satisfará completamente cada deseo, necesidad o deseo de tu corazón. Puede ver las abundantes riquezas de la gloria de Dios reveladas a través de Jesús mientras caminaba por esta tierra. Ya sea que vivas en abundancia o en dificultades, el poder del Espíritu Santo en ti te da poder para estar contento sin importar tus circunstancias. Su poder te prepara para vivir victoriosamente.

Tomando Medidas Para la Victoria.

¿Qué es una cosa de este versículo que Dios te está afirmando en este momento?

_____
_____
_____

Después de meditar en este versículo, ¿Cómo te inspira a reevaluar tu jornada de fe para que puedas caminar en victoria?

_____
_____
_____

¿Cómo se aplicará este versículo a tu vida para que puedas comenzar a caminar en victoria o elevarse a un nivel más alto de victoria en tu vida?

_____
_____
_____

Día 21

Descansa Con Gran Confianza

Estas cosas os he hablado, para que en mí tengáis paz. En el mundo tendréis aflicción: mas confiad, yo he vencido al mundo. Juan 16:33 – RVA

Hija (o) mía (o), te adoro. Se fuerte y valiente al enfrentarte al mundo de hoy con tus problemas y tristezas. Tu hermano mayor, Jesús, Mi Hijo Ungido, ha destruido el poder que este mundo tiene sobre ti para derrotarte. Él lo ha conquistado para ti.

Ahora puedes entrar con valentía al Salón del Trono de la Gracia y pedirme directamente cualquier cosa que quieras, necesites o desees y te lo daré debido a tu relación amorosa con Mi Hijo, Jesús.

Porque amas a Mi Hijo y crees que Yo lo envié para restaurar nuestra relación, puedes saber que Mi Corazón para ti es que recibas lo que Me pides y que tu alegría sea completa y rebosante sin límites.

Puedes ser valiente y descansar con la misma paz en tu corazón que Jesús tenía en Su corazón sabiendo que Su victoria sobre Satanás es tu victoria sobre Satanás.

Oración – *Padre, gracias por tu paz. Gracias por enviar a Jesús a conquistar a Satanás de una vez por todas cuando murió en la cruz y resucitó para que nuestra relación pudiera ser restaurada. Te pido que me des el valor para entrar en reposo, y la confianza para conocer que la obra terminada de Jesús en la cruz es mi victoria. Gracias por el poder de tu Espíritu Santo para permanecer en paz.*

Pensamientos Para Reflexionar.

Aunque puede que experimentes problemas en tu vida, puedes relajarte y poner tu confianza en la obra terminada de Jesús en la cruz. Murió, fue sepultado, resucitó, ascendió al cielo y se sentó a la diestra de Dios Padre, que es el lugar de la victoria. Derrotó a Satanás de una vez por todas, luego te dio la misma autoridad y victoria. Así cómo Jesús lo venció, también tú a través del Espíritu Santo.

Tomando Medidas Para la Victoria.

¿Qué es una cosa de este versículo que Dios te está afirmando en este momento?

___

___

___

Después de meditar en este versículo, ¿Cómo te inspira a reevaluar tu jornada de fe para que puedas caminar en victoria?

___

___

___

¿Cómo se aplicará este versículo a tu vida para que puedas comenzar a caminar en victoria o elevarse a un nivel más alto de victoria en tu vida?

___

___

___

Día 22

Tienes Ayuda Sobrenatural

Porque yo Jehová soy tu Dios, que te ase de tu mano derecha, y te dice: No temas, yo te ayudé. Isaías 41:13 – RVA

Mi hija(o) amada(a), te elegí antes de la fundación del mundo. Porque eres Mía (o), eres la simiente de Mi amado amigo Abraham. Te he atraído hacia Mí y quiero que sepas que te he elegido. Yo no te rechacé.

Soy tu Padre fiel y no quiero que cedas al miedo. Siempre estoy contigo. Te infundo con Mi fuerza y te ayudo en cada situación que estés enfrentando. Te sostengo firmemente con Mi diestra victoriosa.

No temas por los que vociferan y deliran contra ti, porque serán avergonzados y deshonrados. Las personas que se oponen a ti perecerán y desaparecerán. ¡La búsqueda de tus enemigos será inútil y aquellos que te hacen la guerra desaparecerán sin dejar rastro! Eres Mi hija (o) y Yo te estoy cuidando. No tienes nada que temer porque estoy aquí para darte la victoria.

O*ración - Gracias, Padre, porque soy Tu hija(o), y Tú me sostienes con Tu diestra victoriosa. Entró valientemente al Salón del Trono de la Gracia y te pido que me ayudes a recordar que no tengo nada que temer porque Tú me elegiste. Estás conmigo y me atraes hacia ti. Gracias por darme fuerzas y ayudarme a salir victoriosa(o) en cada situación que enfrentó.*

Pensamientos Para Reflexionar.

Dios tiene un fuerte agarre en tu mano y la sostiene con Su victoriosa diestra. Él te ama y no va a soltar tu mano. ¿Puedes imaginar tu mano en Su mano fuerte? Tienes la seguridad y protección DE EL ahora mismo. Él te eligió para que fueras Su hija(o). No tienes nada que temer en la vida porque Dios Padre te está abrazando. Su deseo por ti es que vivas una vida victoriosa.

Tomando Medidas Para la Victoria.

¿Qué es una cosa de este versículo que Dios te está afirmando en este momento?

_____
_____
_____

Después de meditar en este versículo, ¿Cómo te inspira a reevaluar tu jornada de fe para que puedas caminar en victoria?

_____
_____
_____

¿Cómo se aplicará este versículo a tu vida para que puedas comenzar a caminar en victoria o elevarse a un nivel más alto de victoria en tu vida?

_____
_____
_____

Día 23

Dios Es Siempre Fiel

Ustedes no han sufrido ninguna tentación que no sea común al género humano. Pero Dios es fiel, y no permitirá que ustedes sean tentados más allá de lo que puedan aguantar. Más bien, cuando llegue la tentación, él les dará también una salida a fin de que puedan resistir. 1 Corintios 10:13 – NVI

Mi querida(o) hija(o), te pido que consideres cuidadosamente lo que te estoy diciendo. No se te haga extraño el que estés enfrentando varias pruebas, tentaciones y pruebas en tu vida. Todo el mundo atraviesa desafíos, y sería imprudente pensar que estás exento de atravesarlos.

La clave para vencer y vivir en la victoria es aprender a ver cada dificultad como una oportunidad para crecer tu carácter y mejorar tu actitud.

Sin embargo, Mi fidelidad y gracia limitan la severidad de cada prueba, y te impiden ser probado más allá de tu capacidad para sobrevivir. Mi gracia ilimitada está disponible para ti mientras enfrentas las dificultades, las tentaciones o las temporadas de obstáculos. Yo te convertí en un vencedor victorioso.

Oración – *Señor, te pido que me ayudes a confiar en tu fidelidad mientras construyes un carácter fuerte dentro de mí y me enseñas a no fallar ni rendirme en medio de la prueba o la tentación. Padre, te agradezco por Tu gracia que limita la severidad de cada prueba y abre una vía de escape que me da poder para superar cada dificultad que experimentó y lograr caminar en victoria.*

Pensamientos Para Reflexionar.

Las tentaciones y pruebas son tan parte de la vida como la celebración de la victoria. Dios no te dijo que todas las dificultades desaparecerían de tu vida; sin embargo, tienes los recursos dentro de ti para superar un desafío del enemigo. La gracia de Dios y Su fidelidad te brindan una vía de escape para que tengas el poder de resistir y ser refinado en el proceso.

Tomando Medidas Para la Victoria.

¿Qué es una cosa de este versículo que Dios te está afirmando en este momento?

_____
_____
_____

Después de meditar en este versículo, ¿Cómo te inspira a reevaluar tu jornada de fe para que puedas caminar en victoria?

_____
_____
_____

¿Cómo se aplicará este versículo a tu vida para que puedas comenzar a caminar en victoria o elevarse a un nivel más alto de victoria en tu vida?

_____
_____
_____
_____

Día 24

Toma Cada Pensamiento Cautivo

Destruimos argumentos y toda altivez que se levanta contra el conocimiento de Dios, y llevamos cautivo todo pensamiento para que se someta a Cristo.
2 Corintios 10:5 – NVI

Hija(o) Mía(o), te creé para vivir una vida victoriosa llena de alegría y paz. No estás diseñado para permitir que los pensamientos negativos y derrotadores atormenten tu mente.

Te desafío a que te comprometas con la verdad de que no estás viviendo según los estándares del mundo. Te hice para ser guiado por la sabiduría y el poder de Mi Espíritu Santo. Aunque vives en este mundo natural, no te involucres en batallas espirituales con armas humanas o utilizando la manipulación para lograr tus objetivos.

Tus armas espirituales están autorizadas por Mi poder divino para destruir todos los planes de Satanás. Su plan es mantenerte cautivo a través de patrones de pensamiento defectuosos que desafían mi autoridad en tu vida. Él te miente, te roba y te destruye a través de tus pensamientos.

Tú eres el único que puede controlar los pensamientos engañosos en tu mente y hacerlos obedecer Mi Palabra.

Oración – *Padre, gracias por darme Tu poder para desmantelar toda fantasía engañosa o pensamiento elevado que sea contrario a Tu voluntad, y destruyo todo plan del enemigo con Tu poder. Es en la autoridad del Nombre de Jesús que rompo el poder de las fortalezas de Satanás que están formadas en contra de la voluntad de Dios. Estoy tomando cautivo cada pensamiento.*

Pensamientos Para Reflexionar.

Estás empoderado por la gracia de Dios y Su Palabra para desmantelar cada fortaleza en tu mente. Tiene la capacidad de demoler argumentos, opiniones, teorías y filosofías que son contrarias a la Palabra de Dios. Al llevar todo pensamiento negativo cautivo a la voluntad de Dios, estás listo y dispuesto a emprender una guerra espiritual y derrotar las mentiras del enemigo en tu vida.

Tomando Medidas Para la Victoria.

¿Qué es una cosa de este versículo que Dios te está afirmando en este momento?

_____
_____
_____

Después de meditar en este versículo, ¿Cómo te inspira a reevaluar tu jornada de fe para que puedas caminar en victoria?

_____
_____
_____

¿Cómo se aplicará este versículo a tu vida para que puedas comenzar a caminar en victoria o elevarse a un nivel más alto de victoria en tu vida?

_____
_____
_____

Día 25

Vive Tu Vida En Total Descanso y Completa Fe

Procuremos pues de entrar en aquel reposo; que ninguno caiga en semejante ejemplo de desobediencia.
Hebreos 4:11
RVA

Mi querido(o) hijo(o), deja de esforzarte en tus propias habilidades y entra en Mi promesa de entrar en Mi reposo con tu fe. Puedes abrazar la plenitud de Mis promesas al liberar tu fe para recibirlas.

Todas mis obras han sido terminadas desde la fundación del mundo y descansé de mis obras el séptimo día.

No te permitas tener un corazón endurecido e incrédulo que duda de Mis promesas porque son para siempre y están llenas de poder. Cuando crees lo que te digo, tu fe activa Mi poder para producir una cosecha en tu vida. ¡Entonces experimentarás el reino del descanso seguro!

Aprovecha esta oportunidad para entrar en Mi vida de reposo en la fe. Deje de esforzarse por sus propias obras y célebre vivir una vida vivida por fe. Entra en Mi reposo, así como Yo celebré Mis obras terminadas y descansé en ellas.

Oración – *Dios Padre, te pido que me ayudes a dejar de esforzarme por mis propias obras y entrar en Tu reposo. Gracias porque no tengo un corazón endurecido de duda e incredulidad con respecto a Tus promesas para mí. Estoy liberando mi fe y creo que recibo las promesas de Tus obras terminadas. Estoy usando mi fe para entrar en tu reposo.*

Pensamientos Para Reflexionar.

El hecho es que todavía tienes la oportunidad de entrar en la vida de reposo en la fe y experimentar el cumplimiento de las promesas que Dios te ha hecho. Dios todavía ha ordenado un día para que entres en Su reposo y ese día se llama "Hoy". Puedes usar tu fe hoy para aferrarte a la verdad de la Palabra de Dios y mantenerte firme en Sus promesas para entrar en Su reposo.

Tomando Medidas Para la Victoria.

¿Qué es una cosa de este versículo que Dios te está afirmando en este momento?

_____
_____
_____

Después de meditar en este versículo, ¿Cómo te inspira a reevaluar tu jornada de fe para que puedas caminar en victoria?

_____
_____
_____

¿Cómo se aplicará este versículo a tu vida para que puedas comenzar a caminar en victoria o elevarse a un nivel más alto de victoria en tu vida?

_____
_____
_____

Día 26

Superas El Poder Del Enemigo

He aquí os doy potestad de hollar sobre las serpientes y sobre los escorpiones, y sobre toda fuerza del enemigo, y nada os dañará. Lucas 10:19 – RVA

Te adoro, hija(o) Mía(o). Tienes Mi gran poder y autoridad porque eres Mi hijo.

Tienes poder para usar Mi autoridad y ver cómo los demonios te obedecen cuando les ordenas en el Nombre de Mi Hijo. Cuando usas el nombre de Jesus, estas usando tu autoridad para pisotear a Satanás y su reino.

Estás pisoteando a cada demonio que viene contra ti y vences todo poder que Satanás posee. No hay absolutamente nada que pueda dañarte mientras caminas en la autoridad de Cristo. Derrotas el mundo de Satanás y él cae derrotado en tu vida.

Mi Corazón se llena de felicidad al darse estas revelaciones porque eres como un niño lleno de confianza y seguridad. Mi autoridad es lo que te permite imponer la derrota de Satanás y caminar en victoria.

Oración– *Padre, gracias por darme la revelación de que tengo poder y autoridad para imponer la derrota de Satanás en mi vida hoy. Gracias porque puedo derribar su reino con el poder del Nombre de Jesús. Estoy pisoteando y pisoteando todos los poderes de Satanás y no hay absolutamente nada en este mundo que pueda dañarme mientras camino en el poder y la autoridad que Dios me ha dado.*

Pensamientos Para Reflexionar.

Aunque Dios ha dado a todos sus hijos su poder y autoridad para que lo usen sobre los planes de Satanás, ha ocultado esta gran revelación de su poder y autoridad a los orgullosos y arrogantes. Él comparte esta poderosa revelación con Sus hijos, quienes se humillan ante Él y se someten a Él.

Tomando Medidas Para la Victoria.

¿Qué es una cosa de este versículo que Dios te está afirmando en este momento?

_____
_____
_____

Después de meditar en este versículo, ¿Cómo te inspira a reevaluar tu jornada de fe para que puedas caminar en victoria?

_____
_____
_____

¿Cómo se aplicará este versículo a tu vida para que puedas comenzar a caminar en victoria o elevarse a un nivel más alto de victoria en tu vida?

_____
_____
_____

Día 27

Eres Un Participante De La Victoria

Mas á Dios gracias, el cual hace que siempre triunfemos en Cristo Jesús, y manifiesta el olor de su conocimiento por nosotros en todo lugar. 2 Corintios 2:14 – RVA

Eres Mi hija(o) querida(o) y hoy te he dado Mi gracia a través de Mi Hijo, Jesucristo. Esta gracia te permite ser un socio en Mi eterna y triunfante celebración de la victoria en tu vida.

Mientras vives tu vida entregada a Mí, esparces la fragancia del conocimiento de Mi bondad dondequiera que vayas. Eres el inconfundible aroma de la victoria de Mi Hijo. Eres el perfume de la vida para quienes lo aceptan como su Salvador.

Te doy poder para vencer por Mi Espíritu Santo mientras vives tu vida. Te he llamado y te he empoderado. No necesita una carta de recomendación para confirmar que me representas. Tu misma vida es la referencia de tu personaje reconocida y grabada permanentemente en los corazones de aquellos con los que te encuentras.

El Espíritu Santo te ha convertido en una carta viva de Mi bondad al escribir las páginas de tu vida victoriosa para que todos la vean.

Oración - Gracias, Dios Padre, por darme Tu gracia que me permite ser un socio en Tu eterna y triunfante celebración de la victoria en mi vida. Te pido que me ayudes a ceder continuamente mi mente, voluntad y emociones a Tu plan para mi vida. Que estos puedan ser un aroma dulce de Tu victoria hacia todos los que me rodean y con los que me encuentro hoy.

Pensamientos Para Reflexionar.

Al estar unido a Jesús y Su unción, puedes hacer cualquier cosa que Dios te pida. Apartado de Dios, no hay nada que puedas hacer. El Espíritu Santo te da poder después de que Dios te llama. Tienes la revelación de que eres incapaz de hacer nada con tus propias fuerzas. Tu verdadera confianza y competencia fluyen de la presencia empoderadora del Espíritu Santo.

Tomando Medidas Para la Victoria.

¿Qué es una cosa de este versículo que Dios te está afirmando en este momento?

_____
_____
_____

Después de meditar en este versículo, ¿Cómo te inspira a reevaluar tu jornada de fe para que puedas caminar en victoria?

_____
_____
_____

¿Cómo se aplicará este versículo a tu vida para que puedas comenzar a caminar en victoria o elevarse a un nivel más alto de victoria en tu vida?

_____
_____
_____

Día 28

Conquistarás Completamente a Satanás

Y ellos le han vencido por la sangre del Cordero, y por la palabra de su testimonio; y no han amado sus vidas hasta la muerte. Apocalipsis 12:11 – RVA

Eres Mi hija(o) preciada(o) y eres más que vencedor. Te hice para vencer a Satanás como mi Hijo, Jesús lo venció.

Hubo una guerra terrible en el cielo y Mi Arcángel, Miguel, y sus ángeles lucharon contra Satanás, también conocido como el gran dragón. Satanás y sus ángeles se defendieron, pero no tenían el poder de vencer, por lo que no pudieron recuperar su lugar en el cielo.

Fueron arrojados del cielo para siempre, siendo arrojados a la tierra donde todavía engañan a toda la tierra hoy. Una vez que salieron del cielo, se escuchó una voz triunfante que proclamaba que la salvación y el poder estaban establecidos. Mi reino y la autoridad gobernante de Mi Hijo fueron establecidos.

Este es el mismo poder y autoridad que la Sangre de Jesús y Su testimonio te proporciona hoy para vencer los ataques de Satanás y sus fuerzas demoníacas.

Oración - *Gracias, Dios Padre, porque me hiciste vencedor triunfante a través de la Sangre de Jesús y Su testimonio. Te pido que me ayudes a recordar que me has dado poder y autoridad para vencer, y puedo usar este poder y autoridad que se me ha dado a través de la Sangre y el Nombre de Jesús para imponer la derrota de Satanás en mi vida. Él es el enemigo derrotado.*

Pensamientos Para Reflexionar.

El acusador de los hijos de Dios es Satanás. Los acusa implacablemente día y noche ante el Trono de Dios. Sin embargo, cuando los hijos de Dios se dan cuenta de que pueden imponer la derrota de Satanás, porque no solo los ángeles lo derrotaron en el Cielo, la Sangre de Jesús y Su testimonio son las armas poderosas que continúan destruyendo las obras del diablo. Esta es una revelación de victoria.

Tomando Medidas Para la Victoria.

¿Qué es una cosa de este versículo que Dios te está afirmando en este momento?

_____
_____
_____

Después de meditar en este versículo, ¿Cómo te inspira a reevaluar tu jornada de fe para que puedas caminar en victoria?

_____
_____
_____

¿Cómo se aplicará este versículo a tu vida para que puedas comenzar a caminar en victoria o elevarse a un nivel más alto de victoria en tu vida?

_____
_____
_____

Día 29

Fuerza Divina Para Volar

Mas los que esperan á Jehová tendrán nuevas fuerzas; levantarán las alas como águilas, correrán, y no se cansarán, caminarán, y no se fatigarán. Isaías 40:31 – RVA

Mi preciosa niña(o), ¿estás cansadA(o) hoy? ¿te sientes débil y agotada(o) por tu enorme lista de tareas pendientes y tus interminables responsabilidades?

Ven conmigo. Levanta los ojos hacia el cielo nocturno. Mira cómo construí el universo. Encendí cada estrella brillante y formé cada galaxia brillante. Los coloqué a todos donde pertenecen. Los numeré, conté y les di un nombre a cada uno de ellos. Brillan a causa de Mi increíble y asombroso poder; ¡Ninguno deja de brillar!

Tuve mucho cuidado cuando los creé; el mismo cuidado que usé cuando te creé a ti. Yo todavía te vigilo. Entonces, ¿Por qué te quejas y dices que no estoy prestando atención a tu situación, o que he perdido todo interés en lo que te sucede? Si estás cansada(o), te estoy dando fuerzas hoy, y si estás impotente, te estoy infundiendo cada vez más fuerza. Si te sientes débil y exhausta(o), te estoy fortaleciendo con mi fuerza hoy mientras esperas en Mí.

Oración – *Dios Padre, gracias por haber tenido tanto cuidado y tanto detalle al crearme. Gracias por tu continuo cuidado por mí como un padre amoroso. Te pido que me infundas con Tu fuerza, para que no me canse ni me vuelva impotente. Estoy esperando que tu fuerza me levante y poder volar con alas como las águilas y correr sin cansarme. Father God, thank You, that You took such care and such detail in creating me.*

Pensamientos Para Reflexionar.

Cuando esperas que la presencia del Señor se manifieste en tu presencia, te fortaleces con Su poder. No desmayarás. Esto significa que Dios te fortalece mientras esperas en Él. El patio exterior es por donde caminas. El Lugar Santo es donde corres, y luego te elevas como águilas al reino celestial en el Lugar Santísimo. Tómate un tiempo hoy para venir a Su presencia.

Tomando Medidas Para la Victoria.

¿Qué es una cosa de este versículo que Dios te está afirmando en este momento?

_____
_____
_____

Después de meditar en este versículo, ¿Cómo te inspira a reevaluar tu jornada de fe para que puedas caminar en victoria?

_____
_____
_____

¿Cómo se aplicará este versículo a tu vida para que puedas comenzar a caminar en victoria o elevarse a un nivel más alto de victoria en tu vida?

_____
_____
_____

Día 30

Tu Fe Es Tu Poder De Victoria

Porque todo aquello que es nacido de Dios vence al mundo: y esta es la victoria que vence al mundo, nuestra fe. 1 Juan 5:4 – RVA

Mi amada(o) hija(o), te he hecho un campeón que vence a Satanás y tiene todo el poder del mundo. Crees que Jesús es el Mesías y Mi Hijo. Lo confesaste y nombraste tu Señor, así que ahora eres mi hijo adoptivo y me perteneces.

Porque me amas, también amas a mi Hijo Jesús. La forma de determinar tu amor por Mí es teniendo un amor apasionado por Mí y por Mis hijos y obedeciendo Mis mandamientos. Permíteme asegurarte que Mis mandamientos son ligeros. No te agobian con cargas pesadas.

Considerando que crees que Jesús es Mi Hijo, tienes el testimonio vivo en tu corazón de que Yo te he dado la vida eterna, y esta vida tiene su fuente en Mi Hijo.

Eres mi hijo y continuamente vences al mundo porque tu fe es el poder victorioso dentro de ti que triunfa sobre las fuerzas demoníacas en este mundo. Te diseñé para ser un conquistador mundial victorioso, derrotando todo mal.

Oración – *Dios Padre, gracias de nuevo por confirmar que soy Tu hijo. Me formaste para vencer y triunfar sobre Satanás y todo en este mundo mediante el uso de mi fe. Mi fe en tu Hijo, Jesús, que es el Mesías, es mi poder victorioso sobre todo lo que el enemigo intentaría hacerme para obstaculizar o impedir que cumpla Tu llamado en mi vida.*

Pensamientos Para Reflexionar.

El mensaje de Dios para ti es la revelación de la fe para la salvación. Si declaras públicamente con tu boca que Jesús es el Señor y crees en tu corazón que Dios lo levantó de los muertos, experimentas la salvación. Tu poder victorioso que vence a Satanás y las fuerzas del mal en este mundo es tu fe en Dios. Dios te creó para imponer la derrota de Satanás y caminar en total victoria.

Tomando Medidas Para la Victoria.

¿Qué es una cosa de este versículo que Dios te está afirmando en este momento?

_____
_____
_____

Después de meditar en este versículo, ¿Cómo te inspira a reevaluar tu jornada de fe para que puedas caminar en victoria?

_____
_____
_____

¿Cómo se aplicará este versículo a tu vida para que puedas comenzar a caminar en victoria o elevarse a un nivel más alto de victoria en tu vida?

_____
_____
_____

Oración de Salvación

Padre Celestial, vengo a ti en el Nombre de Jesús. Tu Palabra dice: "Aquel que invocare el nombre del Señor, será salvo." Hechos 2:21. Hoy estoy ante ti y te pido ayuda. Oro y le pido a Jesús que entre en mi corazón. Reina sobre mi corazón de acuerdo con Romans 10:9-10 "¿Y cuál ¿Cuál es el "mensaje vivo" de Dios? Es la revelación de la fe para la salvación, que es el mensaje que predicamos. Porque si declaras públicamente con tu boca que Jesús es el Señor y crees en tu corazón que Dios lo levantó de los muertos, experimentarás la salvación.

El corazón que cree en él recibe el don de la justicia de Dios, y luego la boca da gracias y se confiesa para la salvación." Hago eso ahora.

Creo en mi corazón que Dios lo levantó de entre los muertos y confieso que Jesús es Señor. ¡Ahora nací de nuevo! Soy cristiano, - Elegido como hijo de Dios Todopoderoso!

Tu palabra también dice, "Pues, si ustedes, aun siendo malos, saben dar cosas buenas a sus hijos, ¡cuánto más el Padre celestial dará el Espíritu Santo a quienes se lo pidan!" Lucas 11:13

Te pido que me llenes del Espíritu Santo. Espíritu Santo, levántate dentro de mí mientras alabo a Dios. Espero hablar en otras lenguas a medida que me das expresión. "Todos fueron llenos del Espíritu Santo y comenzaron a hablar en diferentes lenguas, según el Espíritu les concede expresarse." Hechos 2:4 Ahora, adore y alabe a Dios mientras está lleno del Espíritu Santo y habla en su idioma celestial u otras lenguas.

Sobre La Autora: Lucia Claborn

Lucia Claborn es entrenadora de victorias, autora y oradora. Ella ayuda a las personas que han sido lastimadas por la iglesia, o la vida, a encontrar restauración mediante la construcción de su fe, de esta manera pueden descubrir su verdadera identidad y caminar en victoria.

El deseo de su corazón es enseñar a las personas a mantenerse firmes en la Palabra de Dios, decretar y declarar la existencia del mundo deseado, y liberar su fe para recibir los deseos de su corazón.

Lucia ha estado escribiendo durante más de 30 años, y sus libros recientes están disponibles en Amazon, así como en innumerables plataformas de publicación en todo el mundo. Su podcast semanal, *"Secrets to Victorious Living"*, anima a los oyentes de todo el mundo a desarrollar su fe para caminar en la victoria.

Lucia y su esposo Danny viven en el norte de Alabama. Tienen cuatro hijos adultos y tres nietos. Puedes encontrar a Lucia en línea a través de:

Su pagina web: LuciaClaborn.com
Instagram: @LuciaClaborn
Clubhouse: Lucia Claborn - Celebrating Victorious Living
Pinterest: Secrets to Victorious Living Podcast

Otros Productos Disponibles De Lucia M. Claborn

English Version
ABC's Of Who I Am - Decreeing Who God Says I Am ABC's Of Who I Am Journal - Decreeing Who God Says I Am

Spanish Version
ABC's De Quien Soy – Decretando Quién Dice Dios Que Soy Yo
ABC's De Quien Soy Diario – Decretando Quién Dice Dios Que Soy

Podcast
Secrets to Victorious Living
Listen On Stitcher, Pinterest, iTunes or your favorite podcast platform.

En Vísperas De Tu Victoria

No fuiste creado para vivir derrotado! No estás condenado a vivir una vida detenida pensando que están muy lejos tus sueños. ¡Es tiempo de ir tras de ellos!

En Vísperas de Tu Victoria- Un Devocional de 30 Días Lucía Claborn te alienta a través de la palabra de Dios. En estos 30 versos bíblicos sobre la victoria encontrarás el apoyo para crecer en tu fe, derrotar las mentiras y caminar en victoria todos los días de tu vida.

Mientras lees estas páginas, meditas en el mensaje y activas el poder de la palabra de Dios en tu vida, te darás cuenta que las limitaciones se desvanecen.

Dios te creó para vivir una vida de victoria ahora. Obtendrás la confianza para desbloquear al campeón que llevas dentro y pasar al siguiente nivel de victoria.

www.ingramcontent.com/pod-product-compliance
Lightning Source LLC
Chambersburg PA
CBHW062147100526
44589CB00014B/1726